Sabine Lohf

Has, Has, Osterhas

Sabine Lohf

Has, Has, Osterhas

Viele bunte Ostersachen
zum Selbermachen
für Kinder ab 4 Jahren

Otto Maier Verlag Ravensburg

CIP-Kurztitelaufnahme der Deutschen Bibliothek

Lohf, Sabine:
Has, Has, Osterhas:
viele bunte Ostersachen zum Selbermachen
für Kinder ab 4 Jahren
Sabine Lohf. – Ravensburg: Maier, 1987.
ISBN 3-473-37481-4

5 4 3 2 1   91 90 89 88 87

© 1987 by Otto Maier Verlag Ravensburg
Gesamtgestaltung, Fotos und Illustrationen:
Sabine Lohf
Redaktion: Gisela Walter
Printed in Italy
ISBN 3-473-37481-4

Inhalt

Ich gebe dir ein Osterei als kleines Angedenken, und wenn du es nicht haben willst, so kannst du es verschenken.

Hase Hans und Schneemann Franz

Du brauchst:

2 weiße und 2 braune Eier, 1 Päckchen Knete in verschiedenen Farben, 2 Holzstäbchen, etwas Kreppapier, Klebestreifen, 1 Blumentopf mit Erde, 1 Filzstift

1. Du bläst die Eier aus und wäschst sie gut ab.
2. Du steckst die Eier auf das Holzstäbchen und dann in den Blumentopf.
3. Für den Hasen formst du aus Knete 2 Ohren und 2 Arme. Dann klebst du die Teile an den Eiern fest. Hält die Knete von selbst an den Eiern, ist es gut, wenn nicht, nimmst du Klebstoff.

oben abknipsen!

Augen und Mund aufmalen!

unten umwickelst du das Holzstäbchen mit Klebestreifen, damit die Eier nicht herunterrutschen können!

Irgendwas fehlt hier noch!

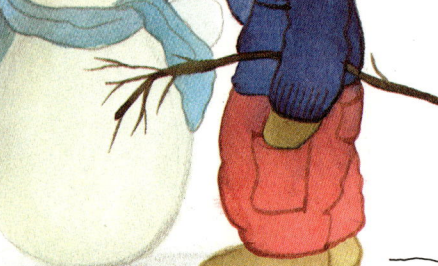

Der Schneemann bekommt eine Nase, einen Hut und Arme aus Knete.

Beiden Figuren wickelst du einen Schal aus Kreppapier um den Hals.

Vielleicht hast du für den Hasen Hans ein kleines Ei, das er in den Armen halten kann.

Und der Schneemann Franz braucht einen kleinen Zweig für die Hände.

Du kannst die beiden übrigens auch in eine Wiese stecken.

Gefüllter Gockel

Du brauchst:
1 großes Pappei, das sich öffnen läßt (gibt's in der Osterzeit in fast jedem Bastelgeschäft!), Pappe, Buntpapier, Kreppapier, 1 Klorolle, Federn, Klebstoff, Schere und Eier zum Füllen.

1. Aus Pappe schneidest du Hals und Kopf aus.

2. Unten am Hals schneidest du die Pappe ein. Eine Hälfte wird nach vorn und eine Hälfte wird nach hinten umgeknickt.

nach vorne knicken!

nach hinten knicken!

So klebst du den Hals auf dem Pappei fest.

Klorolle unter den Bauch kleben!

3. Dann reißt du das Buntpapier in Schnipsel und klebst Schnipsel für Schnipsel auf den Gockel, bis es aussieht, als hätte er ein buntes Federkleid.

Beim Kleben mußt du aufpassen, daß sich der Bauch noch öffnen läßt.

In den Schwanz klebst du noch ein paar echte Federn.

Den schenke ich meiner liebsten Freundin!

Zum Schluß wird der Gockel mit Eiern oder anderen kleinen Überraschungen gefüllt. Dann stellst du ihn im Zimmer oder im Garten auf.

Hampel - Hasen

Du brauchst:
ausgeblasene braune Eier, Packpapier, Filzstift, Klebstoff,
Bindfaden

1. Aus dem Packpapier schneidest
du Ohren, Arme und Beine
aus.

Arme

Beine

Ohren

unten   umknicken!

2. In einen langen
Bindfaden machst
du einen dicken
Knoten und fädelst
2 Eier auf.

3. Mit dem Filzstift
malst du ein Gesicht
auf das Ei.

4. Dann klebst du Ohren, Arme
und Beine an.
Aus einem Stück
Bindfaden machst
du einen Bart.

Wenn du die
Hasen draußen
in einem strauch
aufhängst,
hampeln sie im Wind.

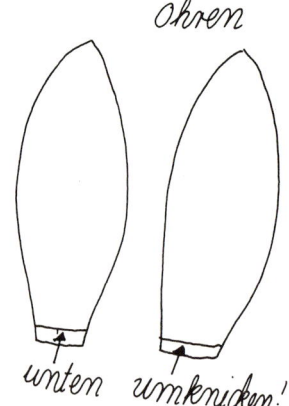

los, hampel
jetzt!

Dieser Zweig vertreibt den Winter

Du brauchst:
1 Zweig (Birke, Forsythie), ausgeblasene Eier, Farben,
Pinsel, Holzstäbchen, Korken, Bänder und Schleifen in
verschiedenen Rottönen.

1. Du malst die Eier rot an.
Am besten steckst du ein Holzstäbchen durch das Ei und das
Ende des Holzstäbchens in
einen Korken.

So kannst du die Eier gut
anmalen.

Du läßt sie so lange auf dem
Korken stecken bis sie trocken
sind.

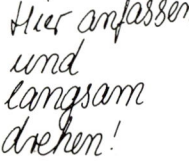

Hier anfassen
und
langsam
drehen!

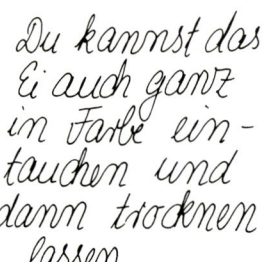

Du kannst das
Ei auch ganz
in Farbe ein-
tauchen und
dann trocknen
lassen.

Korken

Früher war es Brauch, den
Winter zu vertreiben. In
manchen Gegenden haben
die Leute einen Zweig mit
roten Eiern und roten
Bändern geschmückt und
damit einen Umzug gemacht.

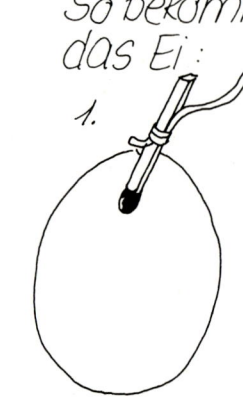

Winter
ade!

2. Dann schmückst du den
Zweig mit roten Bändern.

Wenn du magst, kannst du
die Eier auch an roten Fäden
aufhängen.

So bekommst du den Faden in
das Ei:

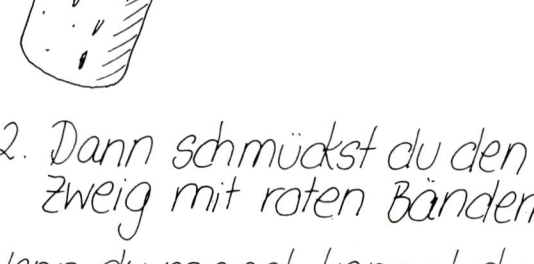

1.

2.

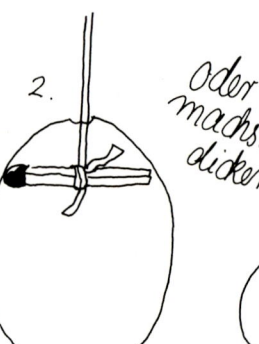

Oder du
machst einen
dicken Knoten

Papierkörbchen für süße Sachen

<u>Du brauchst:</u>

festes buntes Papier, Schere und Musterbeutelklammern

1. Aus Papier schneidest du ein etwa 20 cm großes Quadrat aus.

2. Die dicken schwarzen Linien werden eingeschnitten.

3. An den gestrichelten Linien wird das Papier so gefaltet, daß ein Körbchen entsteht.

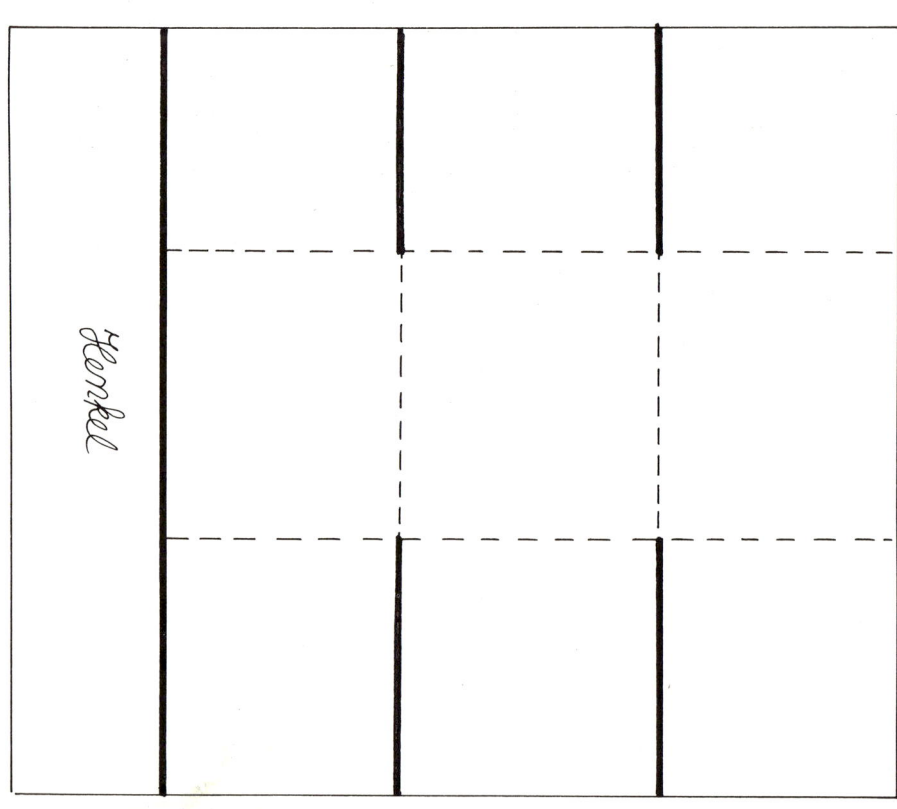

Henkel

4. Den Henkel befestigst du an beiden Seiten mit Musterbeutelklammern. Du bohrst dabei die Klammern von außen zuerst durch den Henkel, dann durch die 3 übereinander-liegenden Papierschichten des Körbchens.

Dann füllst du das Körbchen mit buntem Ostergras und vielen süßen Sachen.

Franz und Florian malen Ostereier an

Du brauchst:

1 Karton mit hartgekochten oder ausgeblasenen Eiern,
Pappe, Klebstoff, Schere, Farben, Pinsel

Für Franz und Florian
nimmst du am besten
hartgekochte braune
Eier.
Aus fester Pappe schneidest
du Kopf, Arme und Beine aus.

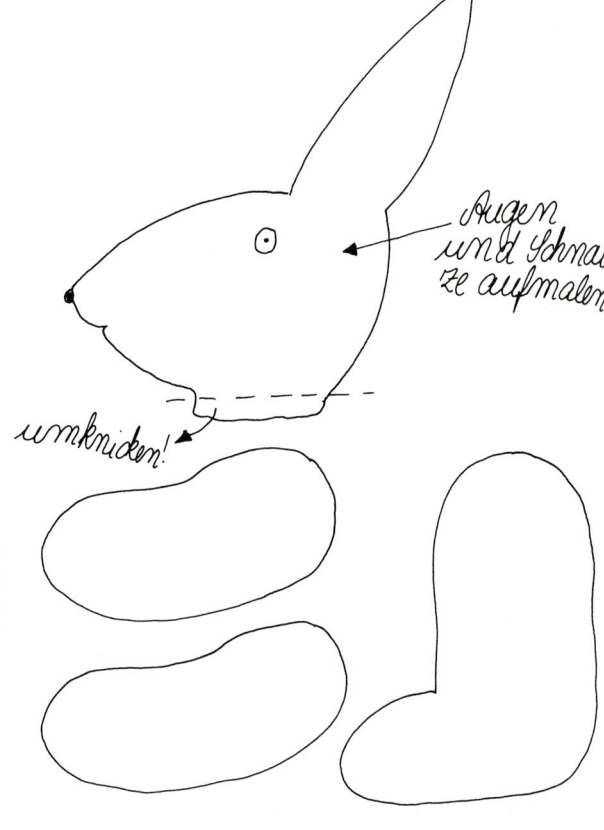

Augen
und Schnau-
ze aufmalen!

umknicken!

Du klebst alle Teile an
dem Ei fest.
Die Beine klebst
du so an, daß der
Hase gut stehen
kann.

Jetzt müssen wir
dich aber auch bunt
anmalen, oder?

Zum Schluß gibst du
jedem Hasen einen
Pinsel in die Hand.
Dann stellst du sie
vor ein paar halb
angemalten Eiern
auf.

Oder du stellst sie
auf eine Wiese.

Das Überraschungsei 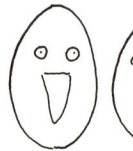 ?

Du brauchst:

mehrere Luftballons   Seidenpapier in verschiedenen Farben,
1 Messer, Kleister, 1 Plastikschale, Farben, Pinsel und 1 Überraschung

1. In einer Schale rührst du den
   Kleister so an, wie es auf der
   Packung steht!

Anrühren, 10 Minuten stehen lassen und kräftig durchrühren!

2. Dann bläst du die Luftballons auf.
   Zuerst einen ganz großen, dann immer
   kleinere. Die Luftballons müssen später alle in einander-
   passen.

3. Nun pinselst du das Seidenpapier mit Kleister ein und
   wickelst um jeden Ballon mehrere Schichten Papier.
   Für jeden Ballon nimmst du eine andere Farbe.

4. Die umwickelten Ballons läßt du 2 Tage lang trocknen.

5. Dann schneidest du jeden
   Ballon in der Mitte durch,
   so daß 2 Hälften entstehen.

6. Du kannst alle Eierhälften der
   Größe nach in einanderlegen, bis
   du zum Schluß ein großes Ei
   hast.
   Vorher aber malst du jedem Ei
   ein Gesicht auf.

Was da wohl drinsteckt?

In das kleinste Ei wird eine
Überraschung gelegt.
Vielleicht legst du das Ei ja auch
über Nacht vor deine Zimmertür,
vielleicht steckt dann am nächsten
Morgen etwas Schönes darin.

Osterbräuche

Wenn Ostern ist, ist die Zeit des Winters vorbei. Ostern ist immer nach dem ersten Vollmond nach Frühlingsanfang an einem Sonntag.

Der Osterhase und das Osterei sind ganz wichtig für Ostern. Das Osterei ist in vielen Ländern ein Zeichen für neues Leben.

Vor Ostern wurden viele Eier rot gefärbt. Jeder schenkte am Ostermorgen einem anderen, der ihm begegnete, ein rotes Ei. Dabei küßte man sich und wünschte sich ein frohes Osterfest.

Eine Woche vor Ostern ist Palmsonntag. Da tragen die Kinder Palmbüsche.

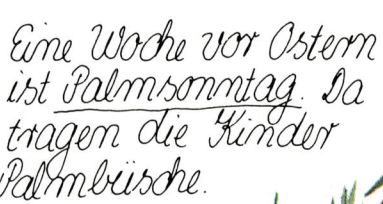

Die Palmbüsche werden aus Buchszweige, Palmkätzchen und Immergrün gebunden. Der Palmbusch wird zur Kirche getragen und geweiht.

Vor Ostern wurde viel aus Hefeteig gebacken: Lämmer, Zöpfe oder kleine Hefekerle mit einem Ei vor dem Bauch.

Manche Leute haben zu Ostern Lichter schwimmen lassen zum Zeichen, daß der Winter nun **end**gültig vorbei ist und man kein künstliches Licht mehr braucht.

Nach einem alten Glauben werden an diesem Tag verborgene Schätze sichtbar.

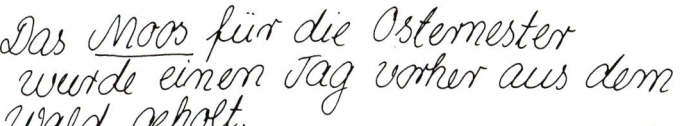

Das Moos für die Osternester wurde einen Tag vorher aus dem Wald geholt.

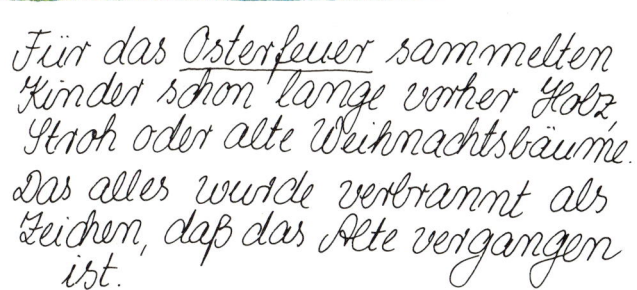

Für das Osterfeuer sammelten Kinder schon lange vorher Holz, Stroh oder alte Weihnachtsbäume. Das alles wurde verbrannt als Zeichen, daß das Alte vergangen ist.

Mädchen gingen vor Sonnenaufgang hinaus, um aus einem Bach Wasser zu schöpfen und nach Hause zu tragen. Sie durften dabei kein Wort sprechen. Ein Schluck von dem Wasser sollte sie schön und gesund machen.

Der Osterhase ist das Zeichen für Fruchtbarkeit.
Man sagte, wenn der Nebel wallt, dann backen die Hasen Hasenbrot.

Gebackene Hasen

Du brauchst:

500 Gramm Mehl, 1 Tütchen Backhefe, 2 Eßlöffel Öl, Salz, 1 Eßlöffel Zucker, $\frac{1}{4}$ Liter lauwarme Milch, Marzipan- rohmasse und ein paar bunte runde Bonbons

1. Mehl, Zucker, Hefe und eine Prise Salz in einer Schüssel vermischen.

2. Öl und Milch hinzufügen und mit dem Handrührgerät verkneten, bis der Teig glatt ist.

3. Den Teig mit den Händen auf einer bemehlten Fläche noch einmal durchkneten.

4. Für jeden Hasen solche Teile formen.

5. Die Hasenteile auf einem gefetteten Backblech zusammenlegen, mit einem Tuch zudecken und eine Stunde stehen lassen.

6. Im Backofen bei 220 Grad 15 bis 20 Minuten lang backen lassen.

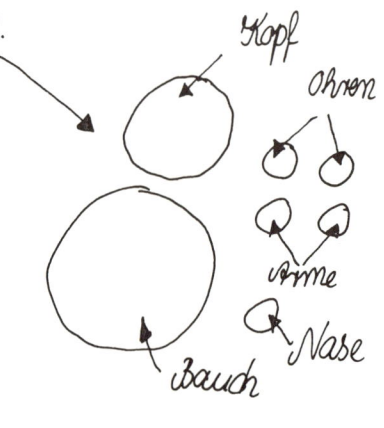

Kopf
Ohren
Arme
Nase
Bauch

Der Bart ist aus Sukkade- streifen. Es geht aber auch mit Grashalmen.

Die Palette ist aus Marzipan- rohmasse geformt.

Die „Farben" sind bunte Bonbons.

Die fertiggebackenen Hasen setzt du in ein Nest.

Kommt ein Hase geflogen

Du brauchst:

Luftballons, ausgeblasene Eier, Nadel und weißen Faden, Klorollen, weißes Papier, Buntpapier, Schere, Klebstoff

1. Du schneidest die Klorollen in der Mitte durch und beklebst sie mit bunten Papierstreifen.

2. An 4 Stellen der Rolle ziehst du mit der Nadel weißen Faden durch.

Fäden innen verknoten!

3. In jede Klorolle klebst du ein ausgeblasenes Ei.

Aus weißem Papier schneidest du Ohren aus und klebst sie an das Ei.

Für jeden Hasen, der fliegen soll, bläst du einen Luftballon auf.

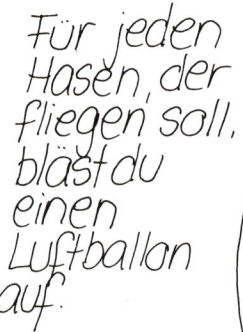

Dann knotest du die 4 weißen Fäden zusammen und bindest sie an dem Luftballon fest.

Vom Balkon aus kannst du den Hasen in den Garten fliegen lassen.

Oder du hängst die Ballons in deinem Zimmer auf.

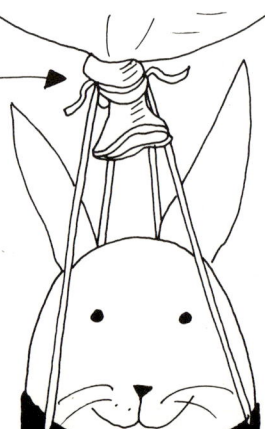

Schwimmende Eierschiffchen

Du brauchst:

Mehrere Eierschalenhälften, Knete, Klebstoff, Zahnstocher und buntes Papier

1. Zuerst wäschst du die Eierschalen gut aus und trocknest sie ab.
2. Dann läßt du jeweils in die Mitte der Schale etwas Klebstoff tropfen. Auf dem Klebstoff drückst du etwas Knete fest.
3. Aus Papier schneidest du Dreiecke aus.

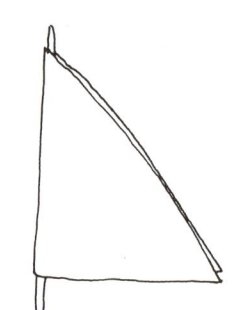

In die Mitte von jedem Dreieck klebst du einen Zahnstocher und klappst dann die Dreieckshälften zusammen.

Zahnstocher in die Knete stecken, und fertig ist ein Schiffchen!

Du kannst die Schiffchen auf einem Teich, einer Pfütze oder in einer Schüssel mit Wasser schwimmen lassen.

Bei Wind kommen die Schiffchen ganz schön in Fahrt.

Fehlt der Wind, dann mußt du selber pusten.

Du kannst ja zusammen mit deinen Freunden einen Pustewettbewerb machen.

Wer hat sein Schiffchen als erster über den See oder die Pfütze gepustet?

Hase Fritz und Henne Frieda

Du brauchst:

gelbe und braune Wolle, orangen und braunen Filz, Watte, 2 schwarze Perlen, 2 Wäscheknöpfe, Nadel und Schere

Frieda:

1. Du knüllst Watte zusammen und umwickelst sie mit Wolle. Ein Knäuel wird der Kopf und eins der Bauch.

2. Dann nähst du Kopf und Bauch zusammen.

3. Aus orangefarbenem Filz schneidest du Schnabel, Flügel, Füße und Kamm aus.

Perlenaugen aufnähen!

Alle Teile am Körper festnähen!

Fritz:

Den Körper für den Hasen machst du genauso wie für die Henne.

Dann brauchst du noch 5 kleine Wollknäuel für Pfoten und Nase. Aus braunem Filz schneidest du 2 lange Hasenohren aus.

Du nähst alle Teile zusammen.
Zum Schluß nähst du die Augen auf.
Vielleicht hast du noch etwas weiße Wolle für einen Schnurrbart.

Mit Frieda schmuse ich am liebsten!

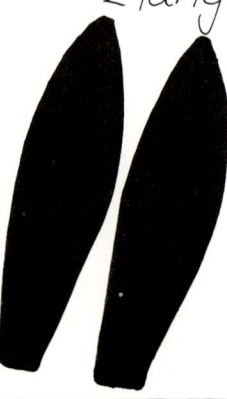

Schwimmende Ente

Diese Ente wird entweder mit der Laubsäge aus Holz ausgesägt, oder sie wird aus Karton ausgeschnitten, nur hält sie dann nicht so lange.

Du brauchst:
1 Laubsäge, Holz (ca. 30 x 40 cm groß), Plakafarben, Bleistift, Pinsel, Klarlack, etwas Schnur, 1 Steinchen

1.

Zapfen   Loch bohren!

Mit dem Bleistift malst du eine Ente und einen Kreis auf das Holzbrett auf.

2. Du sägst beide Teile aus.

Aus der Mitte des Kreises sägst du ein kleines Rechteck aus, so groß, daß der Zapfen hindurchpaßt.

3. Dann malst du die Ente und den Kreis an.

4. Durch das Loch im Zapfen ziehst du eine Schnur. Am anderen Ende befestigst du ein Steinchen. So kann die Ente sogar über hohe Wellen schwimmen.

30

1, 2, 3, ich mach was aus 'nem Ei!

Du brauchst:
braune und weiße Eier, Watte, Buntpapier, leere Klorollen, Schere, Klebstoff, Farben, etwas Draht und noch ein paar Teile aus deiner Kramkiste

Die Maus:
Aus Packpapier schneidest du Ohren und einen Kreis aus und klebst die Teile an einem Ei fest.

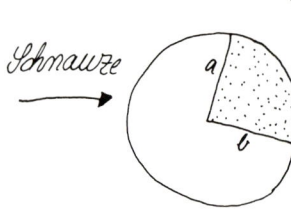

Ohren

Schnauze

gepunktete Fläche abschneiden und die Kanten a und b zusammenkleben!

Ohren

Rüssel   Zähne

Elefant:
Dafür schneidest du 2 große Ohren, einen Rüssel und 2 lange weiße Stoßzähne aus.

Hase: Er bekommt 2 lange weiße Ohren und Barthaare aus Papier.

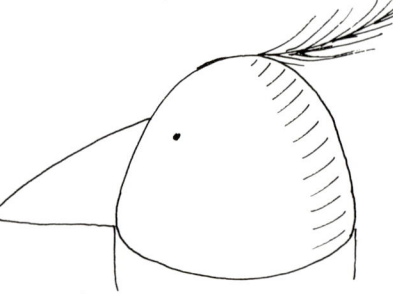

Der Vogel: Er hat eine echte weiße Feder auf dem Kopf und einen Schnabel aus rotem Buntpapier.

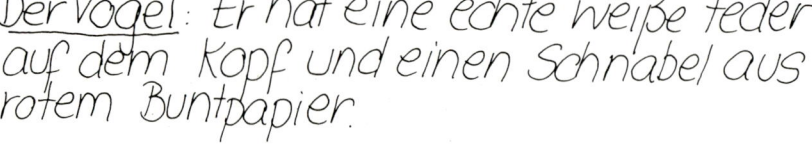

Ich hab mir eine Prinzessin gemacht. Sie heißt Amalia!

Der Opa: Er trägt einen langen Wattebart, Wattehaare und eine Brille aus Draht.

Alle Figuren werden in einer Klorolle festgeklebt.

Vielleicht machst du ja ganz viele verschiedene Sachen: Hühner, eine Eieroma, ein wildes Tier......

Eier färben, bekleben, bemalen

Eier kannst du auf verschiedene Art färben.

Mit Zwiebelschalen bekommst du gelbe bis braune Eier.

Grün werden die Eier mit Spinat - oder Brennesselblättern.

Rote Eier färbst du mit Rote Betesaft.

← und so wird es gemacht!

Du setzt die Färbemittel jeweils mit 1 Liter kaltem Wasser auf. Dann kochst du alles ½ bis ¾ Stunde.
Rohe Eier werden gleich in dem Sud mitgekocht. Du läßt sie in dem Wasser abkühlen. Essig im Wasser bringt die Farben mehr zum Leuchten.
Zum Schluß werden die Eier mit einer Speck-schwarte abgerieben.

Auf 1 Liter Wasser brauchst du: 6 Eßlöffel Zwiebelschalen, oder 250 g Brennesseln (Spinat), oder ¼ Liter Rote-Bete-Saft.

Früher wurden solche ⟶
Zeichen auf die Eier gemalt.

Sonne

Du kannst die Eier
auch mit Blüten und
Blättern bekleben.

Leben

Fruchtbarkeit

Wenn du einen Finger in Farbe
drückst, kannst du die Eier mit
deinen Fingerabdrücken voll-
stempeln.

Oder du machst Wickelostereier.
Bevor du die Eier in ein Farbbad
hängst, werden sie mit Fäden
umwickelt. Nach dem Färben
nimmst du die Fäden wieder
ab.

Außerdem kannst du die Eier mit
Wasserfarben, Filzstiften oder Bunt-
stiften bemalen. Such dir aus, was
du am liebsten magst!

Viele Eideen

Du brauchst:
Eier, Farben, Buntpapier, Schere, Klebstoff, Wollreste
und viele Ideen

Ringel-
schwanz

Papier
aufrollen
und als
Schnauze ankleben

Für den Sonnenschein schneidest
du viele gelbe Streifen zu und klebst
sie an ein gelbes Ei.

Der Hase
hat lange
Papier-
ohren!

Der Zauberhut wird
aus Papier gerollt.
Sternchen nicht
vergessen! Und
die Schnurrbart-
haare dürfen bei
einem echten
Zauberer auch
nicht fehlen!

Wellen aus Papier

In ein ausgeblasenes
Ei kannst du eine
Papierblume
stecken!

Und was
mache ich!

Dem Vogel
klebst du Flügel,
Beine und
einen Schnabel an!

So viele Sachen kannst du mit Eiern machen

Schw-ei-n

Sonnensch-ei-n

Fällt dir noch was ein?

Zauber-ei

Gärtner-ei

Fischer-ei

Flieger-ei

Ottilie, das Osterhuhn

Du brauchst:
Zeitungspapier, 1 Tüte Kleister, 1 Luftballon, 1 Plastikschale, weiße Farbe, 1 Pinsel, Buntpapier, weißes festes Papier, Schere, Klebstoff, ein paar Federn und natürlich viele Eier zum Füllen – egal ob es Schokoladeneier oder hartgekochte Eier sind.

1. Du rührst den Kleister in der Plastikschale so an, wie es auf dem Päckchen steht.
2. Den Luftballon aufblasen und verknoten.

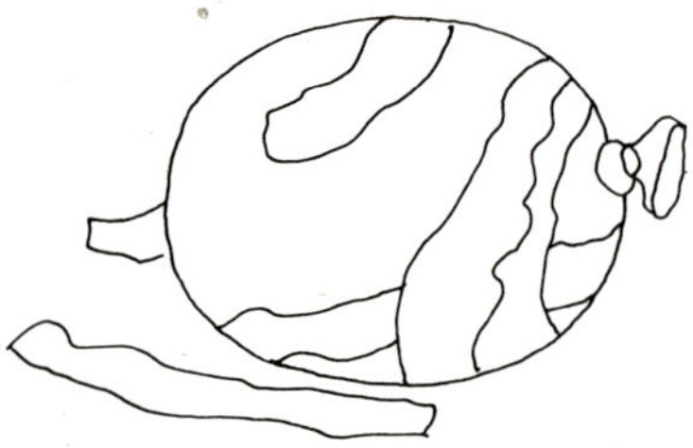

3. Du reißt Zeitungspapier in Streifen. Dann streichst du Streifen für Streifen mit Kleister ein und wickelst sie um den Ballon.

4. Den umwickelten Ballon läßt du 1 bis 2 Tage gut durchtrocknen.

5. Aus weißem festen Papier schneidest du Hals und Kopf aus. Schnabel und Kamm sind aus Buntpapier und werden auf das weiße Papier geklebt.

6. In den Ballon schneidest du oben ein Loch und einen Schlitz für den Kopf.

Ich mach gleich noch eins!

Kopf in dem Schlitz festkleben!

Schwanzfedern aus Buntpapier ankleben.

7. Du malst den Bauch vom Huhn weiß an und klebst Federn auf.

Dann kannst du das Osterhuhn mit Eiern füllen.

Schneewittchen und die Schaukelzwerge

Du brauchst:

8 Eier, 1 Klorolle, Kreppapier, schwarze Wolle, Watte, Klebstoff,
Farben, Pinsel, Schere, kleine Steinchen

1. In 7 Eier bohrst du mit einer Stopfnadel ein großes Loch, schüttelst den
Inhalt in eine Schüssel und
wäschst die Eier gut aus.

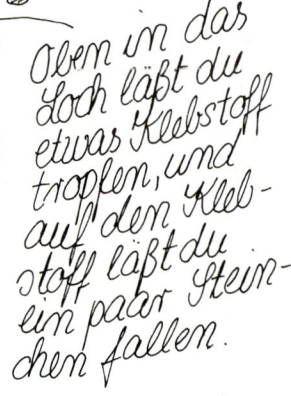

Oben in das Loch läßt du etwas Klebstoff tropfen, und auf den Klebstoff läßt du ein paar Steinchen fallen.

2. Du schüttelst die Steinchen
etwas hin und her, so lange,
bis das Ei steht.

Wattebart ankleben!

3. Dann malst du den Eiern
Gesichter und Kleider auf.

4. Aus Kreppapier schneidest du für
jeden Zwerg eine Mütze aus.

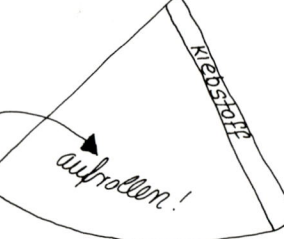

Klebstoff

aufrollen!

Du rollst den Viertelkreis zu
einer spitzen Zipfelmütze
und klebst die Kanten
zusammen.

Wenn ich die
Zwerge mit dem
Finger antippe,
schaukeln
sie!

Und Schneewittchen machst du so:

In eine leere Klorolle klebst du ein ausge-
blasenes Ei. Auf das Ei malst du ein
Gesicht.
Dann klebst du schwarze
Wollhaare auf.
Jetzt braucht Schnee-
wittchen nur noch ein
Kreppapierkleid.
Auf einer glatten Fläche
läßt du die Zwerge
schaukeln.

Kleine goldene Krone

Eierbecher aus Ton

Wenn du die Eierbecher zu Ostern benutzen möchtest, mußt du 2 Wochen vorher mit dem Basteln anfangen!

Du brauchst:

1 Klumpen Ton aus dem Bastelgeschäft, 1 Plastikunterlage, 1 Messer, 1 Schälchen Wasser, 1 Eierlöffel, hartgekochte Eier.

1. Du schneidest von dem Ton ein Stück ab und klopfst es mit der flachen Hand, damit alle Luft entweicht.

2. Dann formst du so einen Klumpen.

3. Mit dem Eierlöffel hebst du eine Mulde für das Ei aus.

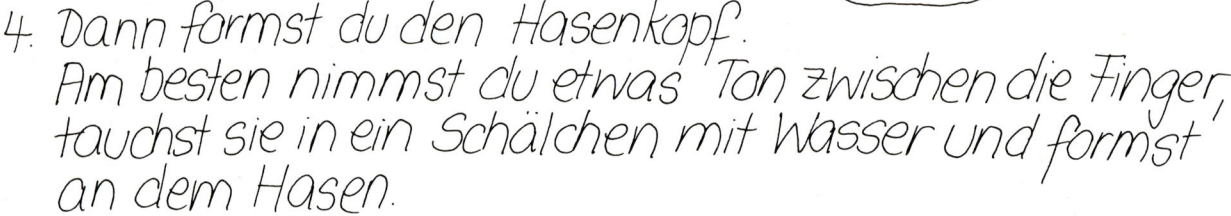

4. Dann formst du den Hasenkopf. Am besten nimmst du etwas Ton zwischen die Finger, tauchst sie in ein Schälchen mit Wasser und formst an dem Hasen.

5. Mit dem Tonschlamm, den du nun zwischen den Fingern hast, schmierst du die Kanten ein, an denen du später die Hasenarme anbringst.

6. Die fertig modellierten Hasen läßt du 2 Wochen lang trocknen. Danach kannst du sie in einem Brennofen brennen lassen.

Aus Ton kannst du natürlich noch viele andere Sachen für Ostern machen. Vielleicht machst du dir ja einen Hühnereierbecher. ➤

Eier – Enten

Du brauchst:
1 Stopfnadel, Klebstoff, etwas Karton, Schere, Bleistift,
1 Kerze, Streichhölzer, ausgeblasene Eier, Farben,
Klebstoff

1. Du zündest eine Kerze an und läßt etwas Wachs in das Ei hineintropfen.

2. Die Öffnungen des Eies verklebst du mit Wachs. Wenn das Wachs etwas abgekühlt ist, läßt es sich gut formen.

3. Du läßt das Ei in einer Schüssel mit Wasser schwimmen. Dann markierst du die Stelle, wo später der Kopf sitzen soll.

4. Aus Karton schneidest du einen Entenkopf aus. Die gestrichelte Linie wird eingeschnitten.

nach hinten knicken

nach vorne knicken.

Nun schwimm schön!

5. Du klebst den Kopf auf das Ei und malst alles mit wasserfester Farbe an.

Wenn du Federn hast, klebst du sie als Schwanz auf das Ei.

44

Häschen hüpf – ein Hasenspiel für zwei

Du brauchst:
1 Eierpalette (für 30 Eier), 1 Eierkarton, Farben, Pinsel, Schere, 5 Holzstäbchen, Buntpapier, 30 Korken, Klebstoff, 2 Gabeln

1. Du teilst die Eierpalette in 5 ungefähr gleichgroße Flächen ein und malst jede Fläche in einer anderen Farbe an. (siehe Foto!→)

2. Von dem Eierkarton schneidest du 2 Hütchen ab.

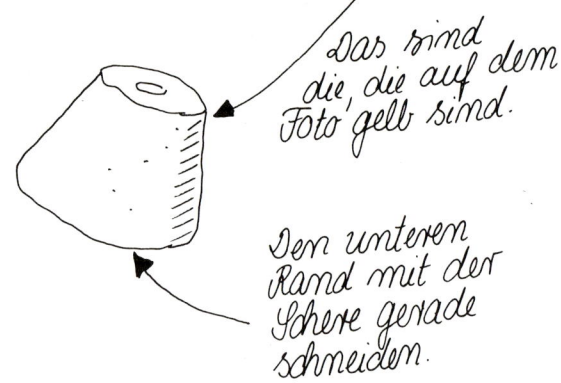

Das sind die, die auf dem Foto gelb sind.

Den unteren Rand mit der Schere gerade schneiden.

3 Für jede Farbfläche machst du ein Fähnchen mit den Zahlen: 10, 20, 30, 40, 50.

Buntpapier um das Holzstäbchen wickeln und festkleben!

10

Ist alles soweit fertig, stellst du das Hasenspiel auf einer glatten Fläche auf.

Und so wird gespielt:

Auf das Ende einer Gabel legst du die gelben Hütchen. Dann drückst du auf die Zinken und versuchst die Hütchen in die Eierpalette zu schleudern. In jede Mulde, die du getroffen hast, setzt du eins von deinen Häschen. Sind alle Mulden der Palette von Hasen besetzt, zählt jeder seine Punkte zusammen.

4. Jeder Spieler bekommt 15 Hasen. Damit ihr die Hasen unterscheiden könnt, bekommen die einen weiße, die anderen gelbe Ohren.

Augen aufmalen!

Hurra, es fliegt!

Schnurrbart ankleben! Aus Wolle oder einem Stück Bind-faden!

Has, Has, Osterhas!

Du brauchst:

1 Stapel altes Zeitungspapier, Kleister, Farben, Kreppapier, Klebstoff, 1 Schale, Wasser, 1 Holzstück, 1 Unterlage

1. Du knüllst ganz viele Zeitungs-
   seiten zu einem großen Ball
   zusammen. Das wird der
   Bauch.

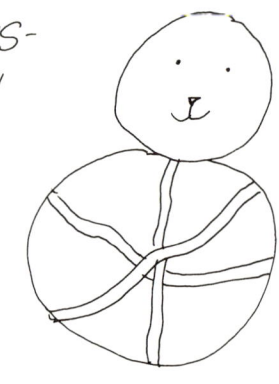

Damit das geknüllte Papier besser hält, umwickelst du es ein paarmal mit Klebestreifen!

2. Dann knüllst du noch einen
   kleineren Ball. Das wird der
   Kopf.

3. In einer Schale mit Wasser
   rührst du den Kleister an.

4. Den angerührten Kleister läßt du
   10 Minuten stehen, bevor du ihn
   noch einmal kräftig durchrührst
   und benutzen kannst.

5. Inzwischen reißt du Zeitungspapier in lange Streifen.

6. Die Streifen werden mit Kleister eingeschmiert und
   Schicht für Schicht um die Papierkugeln gewickelt.

Was fülle ich bloß in den Hasen?

7. Du formst aus Papier 2 lange Ohren
   und schmierst sie mit Kleister ein.

8. Dann läßt du alles 2 bis 3 Tage lang
   trocknen.

9. Die getrockneten Teile klebst du zusammen und malst sie an.

10. Du kannst den Hasen jetzt so lassen,
    oder unten ein Loch hineinschneiden,
    etwas Papier herausrupfen und in das
    Loch eine Überraschung füllen.

Spiele mit Eiern

Schon früher wurden
mit hartgekochten Eiern
alle möglichen Spiele gespielt.
Möchtest du das mit ein
paar Freunden nachspielen?

Ich schenke dir ein
Osterei. Zerbrichst
du es, so hast
du zwei!

Oh, da hat
jemand ein Ei
verloren!

Eierlaufen kennst du
bestimmt schon. Jeder
legt ein Ei auf einen
Eßlöffel und ver-
sucht einen Wett-
lauf auf einer
festgelegten Strecke.

Eierdieb

Um die Eier werden Fäden gebunden.
Dann legt man sie auf eine glatte
Fläche. Jeder Spieler hält sein Ei am
Fadenende fest. Einer
versucht eine Plastik-
schüssel über die Eier
zu stülpen, während er
die anderen Spieler mit
einer Geschichte ablenkt.
Aber die Spieler passen
gut auf und ziehen
die Eier schnell weg,
wenn der Eierdieb die Eier
mit der Schüssel zudecken
will. Wer sein Ei am längsten
behält, darf Eierdieb sein.

In der Mitte
die Eier
zusammenlegen!

Beim *Eierrollen* läßt jeder Spieler sein Ei einen Hang hinunterrollen. Auf einem schräg gestellten Brett geht es auch. Welches Ei rollt am weitesten?

Eier, die kaputtgehen werden, später gemeinsam aufgegessen.

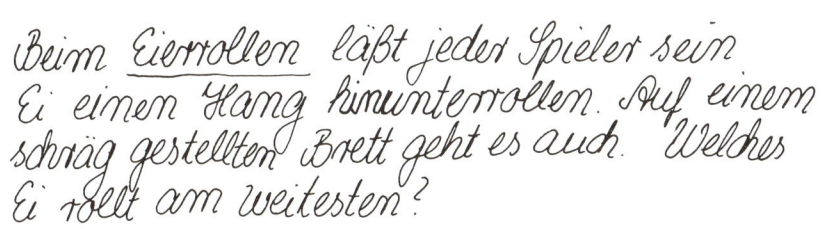

Murmeleier:

In den Sand wird eine Mulde gegraben. 5 Spieler legen ihre Eier in die Mulde. Der 6. Spieler versucht aus einer bestimmten Entfernung in die Mulde zu treffen.

Trifft er ein Ei, muß ihm der Besitzer ein Streichholz geben. Wer die meisten Streichhölzer hat, gewinnt.

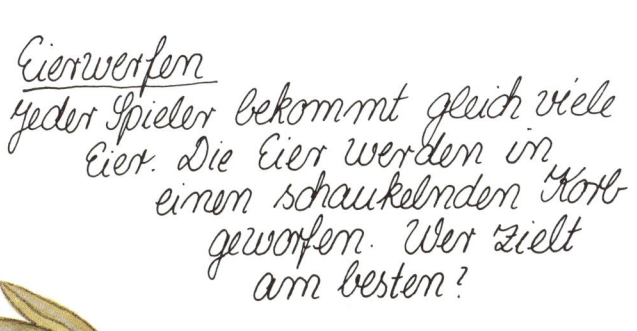

Eierwerfen
Jeder Spieler bekommt gleich viele Eier. Die Eier werden in einen schaukelnden Korb geworfen. Wer zielt am besten?

Jongleur

Du brauchst:
6 ausgeblasene Eier, Draht, Pappe, Farben, Schere

1. Du malst die Eier an, läßt sie trocknen und fädelst sie auf Draht auf. Wenn du die Drähte mehrmals umeinanderwickelst, wird der Kranz stabiler.

Nimm den Draht doppelt oder sogar dreifach!

Löcher hineinstechen!

2. Schneide aus fester Pappe einen Hasen aus.
Außerdem brauchst du noch einen Pappstreifen.

Die gestreifte Fläche bestreichst du mit Klebstoff und klebst sie hinten am Hasen fest. Das lange Ende des Pappstreifens knickst du so, daß der Hase gut stehen kann.

3. Dann biegst du den Draht mit den Eiern zu einem Kranz zusammen und schiebst je ein Drahtende durch die Löcher (A+B). Die Drahtenden werden hinter dem Hasenkopf verknotet.
Jetzt kannst du den Hasen auf der Wiese oder auf dem Frühstückstisch aufstellen.

Osterpyramide

So eine Osterpyramide haben die Leute schon früher gebaut. Es wurden 12 Eier daran aufgehängt, für jeden Monat des Jahres eins.

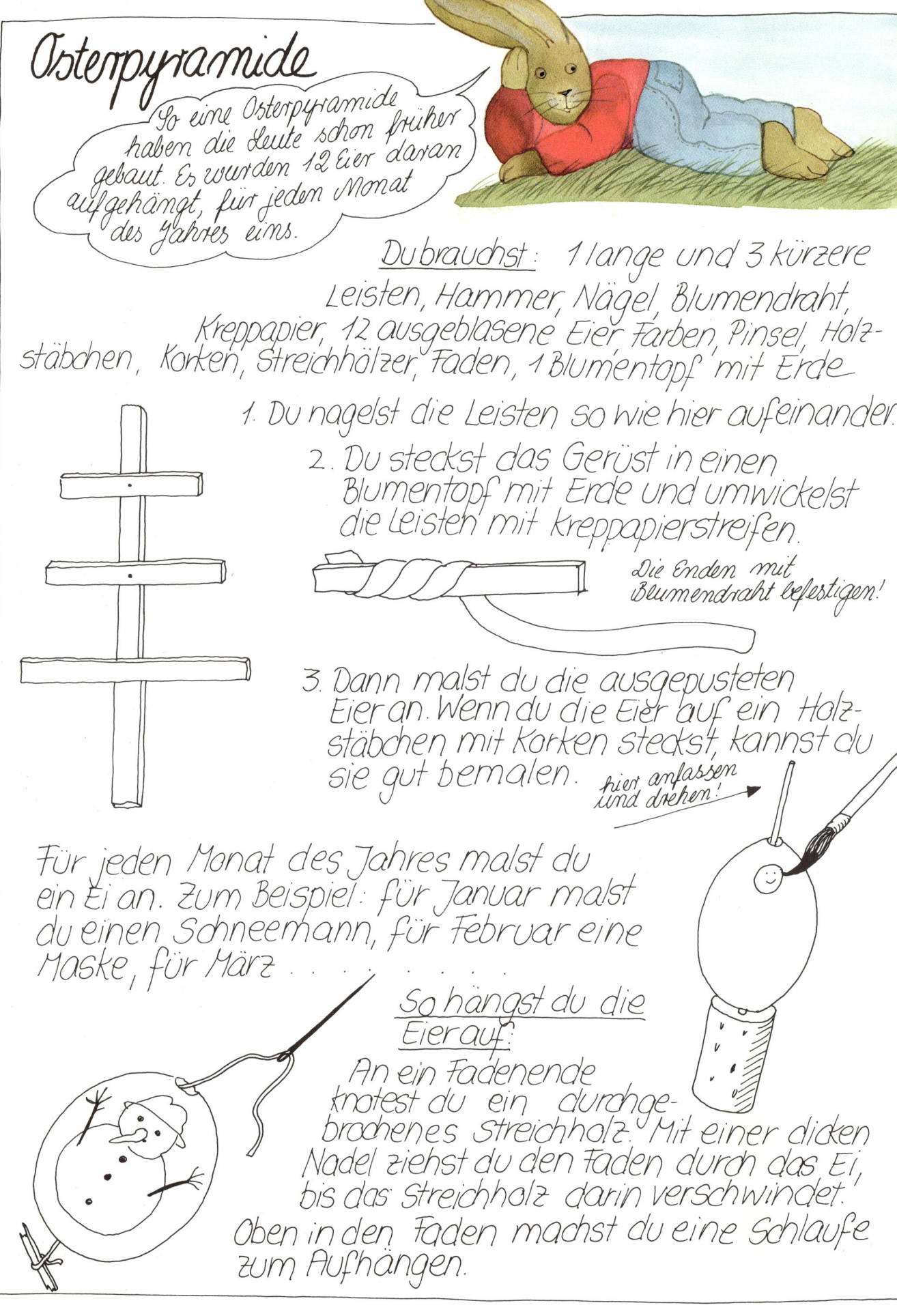

Du brauchst: 1 lange und 3 kürzere Leisten, Hammer, Nägel, Blumendraht, Kreppapier, 12 ausgeblasene Eier, Farben, Pinsel, Holzstäbchen, Korken, Streichhölzer, Faden, 1 Blumentopf mit Erde

1. Du nagelst die Leisten so wie hier aufeinander.

2. Du steckst das Gerüst in einen Blumentopf mit Erde und umwickelst die Leisten mit kreppapierstreifen.

Die Enden mit Blumendraht befestigen!

3. Dann malst du die ausgepusteten Eier an. Wenn du die Eier auf ein Holzstäbchen mit Korken steckst, kannst du sie gut bemalen.

hier anfassen und drehen!

Für jeden Monat des Jahres malst du ein Ei an. Zum Beispiel: für Januar malst du einen Schneemann, für Februar eine Maske, für März . . . . . .

So hängst du die Eier auf:

An ein Fadenende knotest du ein durchgebrochenes Streichholz. Mit einer dicken Nadel ziehst du den Faden durch das Ei, bis das Streichholz darin verschwindet. Oben in den Faden machst du eine Schlaufe zum Aufhängen.

Eine Henne und drei Küken

Du brauchst:

1 Rolle gelbes Kreppapier, rotes Buntpapier, Klebstoff, Schere, 1 Ei, Stecknadeln mit schwarzen Köpfen, kleine bunte Eier

1. Schneide die Kreppapierrolle in Streifen.
Das geht etwas schwer. Wenn du es nicht alleine schaffst, dann laß dir dabei helfen.

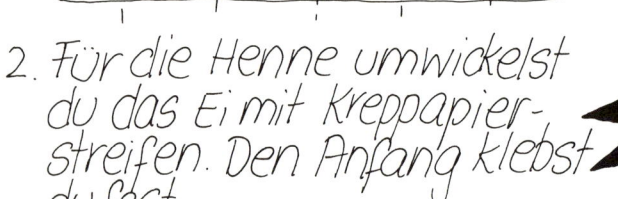

2. Für die Henne umwickelst du das Ei mit Kreppapier- streifen. Den Anfang klebst du fest.
Immer, wenn du ein paar Runden gewickelt hast machst du ein paar Tropfen Klebstoff auf das Papier.
Den Kopf wickelst du einfach so auf und klebst ihn an den Körper.

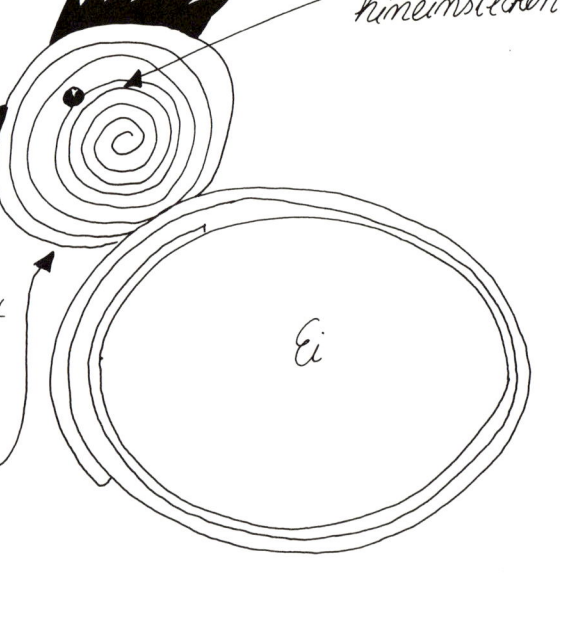

Stecknadel hineinstecken!

Ei

Ich klebe der Henne noch eine Schwanz- feder an!

Die Küken machst du genauso, nur ohne das Ei im Bauch.

Wenn du magst, kannst du dir auch Hasen aus braunem Papier aufwickeln.

Die fertigen Tiere kannst du draußen auf dem Tisch oder in einem Kressebeet aufstellen.

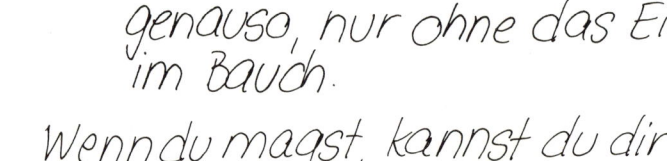

Ein Nest voller Mäuse

Du brauchst:

hartgekochte oder ausgeblasene Eier, Papier, Stecknadeln mit schwarzen Köpfen oder kleine Perlen, Schere, Klebstoff, etwas Wolle und Heu oder Stroh für das Nest

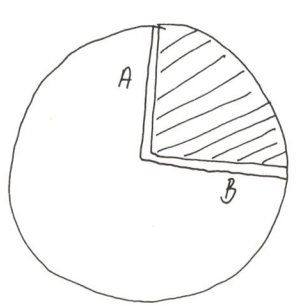

1. Schneide aus Papier einen Dreiviertel-kreis aus und klebe die Kanten A und B zusammen, so daß eine spitze Mäuseschnauze entsteht.

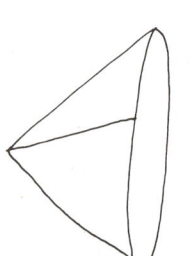

2. Dann schneidest du für jede Maus 2 Ohren aus.

3. Schnauze und Ohren werden an einem Ei fest geklebt.

Die ist ja noch nicht mal kitzelig!

Bei hartgekochten Eiern steckst du vorsichtig Stecknadel-augen hinein. Bei ausgeblasenen Eiern klebst du Perlen auf.

Du malst die Mäuse entweder grau an oder läßt sie weiß.

Barthaare und Schwanz aus Wolle ankleben.

Die fertigen Mäuse setzt du in ein Nest aus Heu oder Stroh.

Dies ist das Haus vom Hasen Klaus

Du brauchst:
1 runde Käseschachtel, 1 Ei, etwas Moos und Blumen, Buntpapier, Schere, Farben, Watte, Klebstoff, ein paar bunte Eier

1. Aus rotem Papier schneidest du einen Dreiviertelkreis aus und klebst die Kanten A und B zusammen. Das ist das Dach.

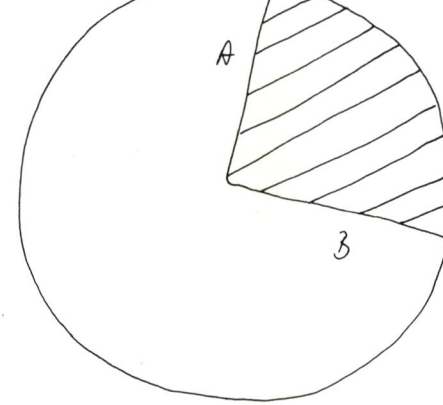

2. Du klebst das Dach auf das Ei.

In das Dach bohrst du ein Loch für einen Schornstein aus gerolltem Papier.

Türen und Fenster aus Buntpapier ausschneiden und aufkleben.

3. Du füllst Moos in die Käseschachtel und stellst das Haus hinein.

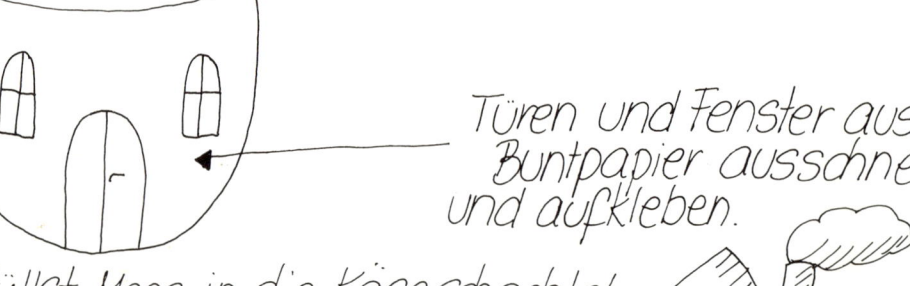

Klaus liebt mich, er liebt mich nicht, er liebt mich, ...

Schachtel anmalen!

Tür einschneiden!

Hasen-Handpuppe

Diese Handpuppe strickt dir vielleicht deine Mama, eine Tante oder ein Onkel. Für Kinder ist sie zu schwer zu stricken, aber toll zum Spielen!

Man braucht:

50 g weiße weiche Wolle,
1 Nadelspiel Nr. 4, 2 kleine dunkle Knöpfe, Füllwatte

Körper und Kopf:

28 Ma anschlagen und auf die 4 Nadeln verteilen. 2 Rd links stricken. Alle weiteren Rd rechts stricken und dabei 3x in jeder 5. Rd 3 Ma gleichmäßig verteilt zunehmen. Darauf in jeder 3. Rd 4x 2 Ma rechts zusammenstricken, bis nur noch 32 Ma auf den Nadeln sind. Weitere 10 Rd stricken.
In der 11. Rd:
1. Nadel: 2 Ma rechts stricken, 4 Ma abketten, 1 Ma rechts stricken, 2. Nadel ebenso. Dann auf Nadel 3 und 4 die Runde rechts weiterstricken.
In der 12. Rd weiter rechts stricken, aber über die abgeketteten Maschen jeweils wieder 4 Ma aufnehmen. In die entstehenden Löcher werden später die Pfoten eingestrickt. Jetzt weitere 10 Rd rechts stricken. In der 11. Rd gegenüber den Pfotenlöchern, also auf der anderen Hälfte des Körpers, wiederum auf der 1. Nadel 2 Ma rechts stricken, 4 Ma abketten, 1 Ma rechts stricken, auf der 2. Nadel ebenso, auf der 3. und 4. Nadel die Runde rechts fertigstricken. In der 12. Rd weiter rechts stricken, und wieder über die abgeketteten Maschen jeweils 4 Ma aufnehmen. Dabei entstehen die „Ohrlöcher". Weiter 4 Rd rechts stricken. In der 5. Rd 4 Ma gleichmäßig verteilt zunehmen. Weitere 6 Rd ohne Zunahme stricken. Alle vorhandenen 36 Ma müssen gleichmäßig auf die 4 Nadeln verteilt sein = 4x9 Ma. In der folgenden 12. Rd am Anfang jeder Nadel 2 Ma zusammenstricken. In der 13. Rd am Ende jeder Nadel 2 Ma zusammenstricken. 14. Rd wie 12. Rd stricken. 15. Rd wie 13. Rd stricken.
Den Strickfaden abschneiden und mit der Nähnadel durch die verbliebenen 20 Ma fädeln, zusammenziehen und den Faden vernähen.

Vorderpfoten:

Aus den Pfotenlöchern des Körpers 12 Ma auf drei Nadeln verteilt aufnehmen. 5 Rd rechts rundstricken. In der 6. Rd 3x 2 Ma gleichmäßig verteilt rechts zusammenstricken. Weitere 9 Rd ohne Abzunehmen rechts stricken, dann den Strickfaden durch die Maschen führen, die Maschen mit dem Faden zusammenziehen und den Faden vernähen.

Ohren:

Sie werden in zwei Teilen gestrickt. Hinreihen rechts, Rückreihen links.

Innenohr:

9 Ma anschlagen, 12 Rd. hochstricken. 13. Rd.: jeweils am Anfang und Ende der Reihe 2 Ma zusammenstricken. Weitere 9 Reihen stricken. Dann wieder 2x 2 Ma rechts zusammenstricken. Weiter 5 Reihen, und die restlichen 3 Ma zusammenziehen.

Außenohr:

Genauso arbeiten wie das Innenohr, nur mit 11 Ma beginnen. Beide Teile 14 cm hoch stricken und zusammennähen. Die Ohren mit Watte auspolstern, ebenso den Kopf und die Pfoten! 2 Knöpfe als Augen aufnähen. Fertig!

Von der Autorin dieses Buches sind im Otto Maier Verlag noch folgende Bücher erschienen

Hier gibt es Bastel- und Spielideen fürs ganze Jahr!
Im Frühling kannst du Blinde Kuh spielen, im Sommer eine
kleine Windmühle bauen, im Herbst mit Freunden leuchtende
Laternenhäuser herstellen und im Winter einmal einen ganz
anderen Adventskalender basteln.
Dieses und noch viel mehr kannst du wirklich selber machen.
Du wirst sehen, es geht ganz einfach. Die Bastelanleitungen
sind groß und übersichtlich, und Farbfotos zeigen dir die
fertigen Spielsachen.

Mit Wolle basteln heißt: Wolle kleben, wickeln, knäueln,
knüpfen, flechten oder Bilder legen. Im Nu entstehen lustige
und originelle Spielsachen. Zum Beispiel eine Hängematte für
den Teddy, der Prinz vom Märchentheater, die leuchtend gelbe
Sonne oder die Eule vom kleinen Zoo. Im Buch findest du noch
viele weitere Bastelideen: den Dackel Sausefix, weiße
Wollegeister, kleine Indianer und...

Wenn man in diesem Buch erst einmal geblättert hat, kommt nie mehr
Langeweile auf. Auf über 60 Seiten wird hier Beschäftigung angeboten,
die zeigt, wie man aus ganz einfachen und alltäglichen Materialien die
herrlichsten Spielsachen bauen kann.
Zum Beispiel aus Blechdosen: Da gibt es die Ballbuden-Boxerbande,
die gierig Murmeln verschluckt, oder die scheppernden Dosengeister
Holter und Polter. Aus einer Waschmitteltonne und einigen Schachteln
entsteht im Nu eine lustige Eisenbahn. Und aus aufgeblasenen Luftballons werden die Zwerge Plitz und Platz, die auf ihren großen Schuhen
herumhopsen. Vom Schneemann, der nie schmilzt, über Puppen-
fasching bis hin zu Spielen im Sand und am Wasser erstreckt sich das
Angebot zum Werkeln und Spielen über das ganze Jahr.

Weißt du, wo der Gurkenkönig wächst? In seinem Land gibt es
viel zu schauen, zu riechen und zu schmecken. Borretsch ist
der Gurkenkönig! So wird er im Volksmund genannt. Dieses
Buch zeigt dir, wo du ihn findest. Es führt dich ein Jahr lang
durch sein Land. Du siehst Blumen, Kräuter, Beeren und
Früchte, die jeder sammeln und pflücken darf. Und wenn du mit
deinen gesammelten Naturschätzen nach Hause kommst, dann
schau hier nach, was du damit kochen und backen oder
spielen und basteln kannst.